Reflexiones
De adentro hacia afuera

Maricris Meza

ISBN:-13: 979-8604504819

DEDICATORIA

A mis primeros lectores…. Gracias

A quienes me impulsaron a continuar hacia adelante…. Gracias.

CONTENIDO

AGRADECIMENTOS

Gracias…
Gracias…
Gracias…

A la energía y fuerza universal que mueve el universo entero, a Dios, la Inteligencia y Espíritu Infinito que transmuta con luz la oscuridad, por la oportunidad de ser, de estar y confiar en el proceso de evolución de mi alma, con enseñanzas y aprendizajes para crecer y fortalecer mi interior. A todos los seres de luz y guias espirituales que no vemos, pero siempre están. Mil Gracias.

A mis padres, mis hermanos y a mi hija por decidir acompañarme durante el recorrido de mi existencia.
Gracias a mis seres, queridos, amigos, compañeros de vida con quienes he aprendido a crecer. Gracias a sus almas por cruzar camino con la mía.

Que el propósito de todos sea evolucionar en la luz, en paz y con armonía.

Bendiciones siempre… Maricris Meza.

Introducción

Me levante comprendiendo mi existencia, con muchas ganas de plasmar mil emociones en un escrito, tenía junta entre mis sueños con los amigos eternos, pero había que despertar.

Concluía al final con todo lo que ha sido de mi vida y lo que no ha podido ser, en ser simples experiencias, donde siempre hay algo que aprender, aprender a limpiar por dentro, las emociones que dañan, el perdón, la comprensión, el sentir la libertad, la paz, que se busca tanto, el respeto a nuestro entorno, el dar lo mejor de uno cuando se pueda ayudar, el no enjuiciar a la gente por las experiencias pasadas que nos han hecho desconfiar.

Una vez mas me afirmaban que no son luchas externas, que la apariencia no es todo, que la traición superada es fortaleza del alma, que la vida de apariencias entre el vacío y el olvido de valores, son solo tipos de vida que escoge uno al vivir, agradezco el poder darme cuenta y observar el proceso de la vida y de a los que les toca vivir en ese mundo.

Por otra parte las experiencias que he sentido, vivido y comprendido me permiten expresarme, le agradezco a Dios por ello, aunque aparentemente no haya nada de que agradecerle, mas le agradezco por haberle dado continuidad a mi vida, después de haber sabido que mi existencia en este mundo es lo que se le llama, un milagro, dicho por mi abuela y todos los médicos que intervinieron en mi supervivencia al nacer, "un garbanzo de a libra".

En general por todo lo que me ha tocado vivir, por sentir la vida, ahora se lo agradezco ya que por ello me ha permitido crecer internamente, mantener la fe firme y dar pequeños pasos hacia los mundos de luz, considero que lo importante aquí es reaccionar comprender y notar que no debemos de perder el amor y el respeto, a la vida, a uno mismo, así como el conservar en lo mas posible los valores que no son materiales sino morales, espirituales, valores que nos ayudan a ser mejores seres humanos, mejores almas, a conservar la cordura y alejar la idea de reaccionar y comportarnos como animales irracionales., lo expreso sin la mas mínima intención de ofender a los animales, los cuales son seres vivos maravillosos que nos acompañan en este mundo, y se guían a veces mucho mejor que un ser humano que se dice racional.

Aunque muchas veces he pensado que vivimos entre el fango, hay que saber saltar y por donde andar para no ensuciarnos y pienso también que hay que ser como la espuma para no mezclarnos con el lodo, eso nos ayuda a superar los momentos difíciles, en uno está en darle fuerza y seguimiento a lo que nos conviene o no, para estar en paz con nosotros mismos, en darle fuerza a lo bueno como a lo malo, escoger es todo.

Me gusta mucho escribir, es una de las cosas que más disfruto hacer, es como abrir la puerta a mi alma *para que salga al exterior y se exprese, pienso que hay una fuerza mucho más poderosa que nosotros mismos que nos va guiando, y que dentro de cada ser vivo está presente para expresarse, lo que más deseo mantener presente en mi vida es la fe, en Dios, en el Bien, a quien siempre le pido me de inteligencia, para guiarme, y no caer en la derrota emocional, nobleza para comprender, amar; sencillez para disfrutar de todo, humildad para no sentirme eterna y recordar que algún día me uniré una vez más a Él; inspiración para seguir creando y expresando la luz de mi alma y pensamientos.*

Esta es otra breve reflexión. Mi única intención al compartir mis expresiones escritas es para que la vida no la tomen como una batalla incansable, y no se vayan comparando con las vidas de otros, que si hay vacíos y momentos difíciles, invoquemos la Luz que siempre está ahí, que está dentro, y no andemos ciegos o muertos en vida por el mundo, no hay vida más importante que la de uno mismo, porque al final uno es el que se va, y deja el mundo como esta, la actitud que tomemos en la vida es lo que importa.

Gracias por leerme. *Maricris Meza*

"Dentro de cada ser humano existe una gran fuerza que nos impulsa a enfrentar la vida en las situaciones mas difíciles."
Maricris Meza

BÚSQUEDA

Cuando el cielo se nuble,
piensa en la luz que hay
detrás de tales nubes.
Piensa en la inmensidad
que abarca todo el cielo.
Piensa que es solo un rato,
en un pequeño espacio,
que las nubes opacan
el sol y su luz propia.

No pienses que no hay sol
solo cierra tus ojos,
por un breve momento
con tanta intensidad,
que veas la luz en ti.

Mantén firme tu Fe,
confía en que el sol esta ahí,
detrás de tantas nubes,
brillando y esperando
dar su luz nuevamente.
Piensa en Dios que esta en ti,
siempre espera por ti.

Va a surgir aun después,
de haber sido olvidado,
de haber sido opacado,
por las inmensas nubes,
los malos pensamientos.
Deja solo que El surja,
brille su luz en ti.

SILENCIO

Silencio...

La habitación a solas.
Ausentes ahora todos,
los que fueron presentes,
en el tiempo pasado.

Un poco de penumbra
habrá entre el silencio.

No escucho nada más,
que el profundo silencio.

Se apagó ya mi mente,
en este gran silencio.

Se fundieron mis sueños
entre el silencio eterno.

Se apagaron las ganas
de gritar con esfuerzo.

Me acostumbre al silencio.
Hay quietud en mi alma
y paz en mi conciencia.

Es tiempo de crecer,
ahora estoy conmigo
disfrutando el silencio

Bendito seas..., silencio.

INTROSPECCIÓN

Hacia adentro...

Entierra más hondo, penetra hasta el fondo aférrate a
unirte.

Escucha estando adentro, entre todo el silencio, no hay
nadie mas que tú, algunos pensamientos.

Activa ahora tu esencia, llega a tocar tu alma, llega a
encender la luz, llega a encontrar la paz.

Hasta vibrar en éxtasis, al contemplarte, descubrir al final
que es Dios quien vive ahora en ti.

Cuando vuelvas, trae contigo el silencio, sabiduría de tu
alma, luz, paz y armonía.

Enfrenta ahora la vida, si sientes agonía, vuelve a mirar
adentro, recuérdalo a momentos, a Dios dentro de ti, tú
eres parte de El.

CONSTRUYE

Como parte de esta creación,
como miembro de este planeta,
como ser vivo en el universo,
como ave de paso que serás algún día,
se constructivo, no destructivo.

El poder mas grande del ser humano
para construir esta en su interior.

En sus pensamientos,
ahí esta el poder de crear luz
donde vea oscuridad.

De invocar paz cuando surja inarmonía.

De orar a Dios cuando haga falta.

Para lograr la transformación
únicamente necesitas tener disponibilidad
y dejar surgir la Buena Voluntad
dentro de ti para mantenerte en contacto
con la Mente Universal del Bien.

LA VIDA

En la vida, en esta vida...

En la vida sembramos y después recogemos.

En la vida hay ocasiones y después consecuencias.

En la vida esquivamos fracasos y vivimos arrepentimientos.

En la vida emprendemos la astucia y olvidamos virtudes.

En la vida valoramos lo efímero y olvidamos lo eterno.

En la vida olvidamos la Fe y afirmamos los miedos.

En la vida pensamos y a veces nunca vivimos.

En la vida nos vamos comparando otras vidas, olvidando la
nuestra.

En la vida tenemos momentos y al final solo recuerdos.

Y la vida se va...

Al final comprendemos lo importante que era valorar
nuestra vida y acabar descansando entre luz y armonía.

ENFOQUE

En lo que fijes tu atención en eso te conviertes.

Mantén el Bien siempre contigo.

Enciende la luz en tu conciencia

Despierta y comienza a construir.

Unifícate a Dios, al Bien un solo instante,

será tu mundo ahora mágico.

Siente que en ti fluye algo más,

es la energía de Dios guíala hacia el Bien.

Transforma tu atención, solo por hoy.

EN POSITIVO

No mires hacia abajo, mira hacia arriba
y admira todo lo que el Creador ha hecho para ti.
No mires hacia afuera, mira hacia adentro,

porque de adentro se crea muchas veces lo de afuera
también.

No creas solo en los otros, ni en lo que ellos creen.

Cree en ti y en lo que tú creas.

No escuches los miedos,

escucha a Dios adentro de ti y así el Bien será en tú vida.

No te aferres a lo vano y efímero, aférrate a lo eterno y a
los verdaderos valores.

No seas un ser corrupto, se un ser con virtudes y se firme
en tus decisiones.

No tengas miedo de perder, arriésgate a ganar con el
aprendizaje y fortalécete.

No ames sin sentir, ama con todos los sentidos.

No vivas por vivir, vive para vivir y disfrutar.

No sientas soledad en tu alma,

siente tu alma en soledad, reconócela y púlela.

POR CRISTO

¡Despierta, despierta!

Cristo resucitó,

mira a tu alrededor,

no esta crucificado,
esta presente en ti,

esta presente en mi.

Es tiempo de crecer,

reconócelo ahora,

para guiar tu camino,

para sentir en tu alma

el gozo al unirte a El.

Despierta,

Cristo vive en tu templo

dentro del mismo cielo

que fluye en tu interior,

no hace falta morir

Él está ahí contigo,

Dios esperando ansioso

que te unas a su Luz.

LIBERTAD

Entre la libertad se es libre.

Se sueña, se vuela.

Entre los sueños

se atan y desatan los deseos.

Entre los deseos,

se van formando anhelos.

Más solo a veces,

los concretamos en hechos.

Entre el vuelo que emprendemos,

al vivir en libertad,

fortalecemos nuestra esencia,

la soledad es nuestra aliada,

la mas sabia consejera,

maduramos en carácter.

Y así, la libertad se vive,

cuando por dentro

la busquemos,

la libertad se siente,

cuando el apego se esfuma.

Al ser conscientemente libres

Realmente es cuando,

vivimos en libertad.

SOLO HOY

Hoy no estoy muerta.

Estoy aquí, conciente,

siento, veo, respiro,

pienso, amo, sonrío.

Mis pensamientos vuelan,

van y vienen ideas,

fluyen deseos del alma.

Hoy estoy viva.

Es el tiempo perfecto

por vivir el presente,

aunque mi mente vague,

analice a momentos

la vida y sus razones,

aun así,

estoy aquí hoy dentro.

Hoy mi alma se expresa,

mis manos las que escriben,

mi mente solo organiza

el sentir de mi alma,

el sentir de la vida.

Únicamente hoy

puedo decir que existo,

mañana, Dios dirá.

GRACIAS

Gracias;

a Dios por darme la existencia

y por sentirlo en cada aliento,

a Cristo por darme inspiración

y estar presente en mi,

a mi alma por sentirla,

a toda mi materia por poder expresarme,

Gracias:

al mundo en el cual fluyo por comprender y amarme,

por el aprendizaje durante mi existencia,

por ser independiente, libre, un poco humana,

vivir con sencillez y apreciar la existencia,

por vivir mi experiencia.

Gracias,

a la naturaleza por proveerme oxigeno,

respirar día con día,

al universo entero por tener un espacio,

al desprenderse mi alma.

Gracias por la existencia

y por tener conciencia.

Muchas gracias.

EL VIENTO

El viento me lo dice,

cuando lo siento venir sobre mi rostro,

cerrando los ojos para sentirlo aun más.

El viento me lo dice,

cuando lo siento acariciar mi piel, estremecerme,

me da la sensación de paz y alegría.

El viento me lo dice,

aun sin que me hable, aun sin que me grite,

solo vibrando con él,

escuchando su susurro al pasar sobre mi.

El viento me lo dice, y se que aun estas ahí,

sin importar el lugar,

sin importar la hora,

sin importar la distancia.

El viento me lo dice, que estas ahí tu,

una vez mas recordándome...

Y yo presintiéndote...

A TI

Hoy te vi,

te sentí aún más cerca de mí,

te anhele tan profundamente,

que te tuve conmigo.

Hoy te soñé,

pude percibir tu aroma

aun sin acercarme,

pude apreciar tu rostro,

penetrar en tu mirada,

aun sin verte,

pude sentir tus manos,

el latir de tu pulso,

aun sin tocarte.

Hoy sentí amor,

amor por ti,

por tu mágica presencia,

por tu energía,

que me hace vibrar

al tan solo pensarte.

Porque, solo eres tú,

quien enciende el amor dentro de mi,

más es Dios quien me permite vivirlo,

disfrutarlo, entre el éxtasis de mis emociones,

por encontrarte en mi camino,

por sentirte en la distancia,

por amar y agradecer amarte.

UNA MIRADA DE AMOR

Pude sentir tu mirada

tu fumabas y fumabas

creo que lo hacías por los nervios

y leí tus pensamientos

eran de amor hacia mi.

Gracias por ese momento

cuando se detuvo el tiempo

no había nadie mas que dos

tu mirada en mi presencia

yo observándote mirarme

No se si serás tú o no

el que llegue a mi existencia,

si Dios permita esta unión,

dejémosle todo al tiempo

y a los próximos encuentros

lo que si se, es que hoy

pude apreciar el amor.

TUS OJOS

Si en tus ojos veo tristeza,

es el alma que solloza,

espera volver a amar.

Es el alma que está ansiosa,

por volverse a enamorar.

Mas tu alma solo espera.

que tu le vuelvas a dar,

esperanza, confianza,

y puedas volver a amar.

MI LUZ

Tus ojos son mi recuerdo,

la luz de mi esperanza,

tus ojos son expresiones,

reflejan el alma de tu ser,

tus ojos son la añoranza,

del amor volver a ti,

iluminando tus ojos,

ver el fuego en tu mirar,

volver a contemplarlos,

volverte a enamorar,

han pasado muchas lunas

¿cuantas mas pasaran?

El recuerdo de tus ojos,

por siempre en mi se quedaran.

TAL VEZ

Tal vez no sea yo quien te vea envejecer.

Tal vez no sea yo quien te ayude en tu andar.

Tal vez no sea yo quien te acompañe siempre.

Tal vez no sea yo quien te mire dormir.

Tal vez no sea yo quien te aliente a vivir.

Tal vez no sea yo quien te haga suspirar.

Tal vez no sea yo quien te brinde sus brazos para
descansar.

Tal vez no sea yo quien te tome las manos al calmar tu
ansiedad.

Pero, si soy yo quien te anhela,

quien siente tu presencia siempre que estas ausente,

entre el escaso tiempo en que permanecemos juntos,

cada quien en su espacio,

con este amor profundo que sin pensar sentimos,

ahora lo compartimos y poco lo comprendemos,

es la razón exacta para amarte y amarme.

NO ESTAS

Hoy partiste.

Existe un hueco en este día,

es muy profundo,

mi mente parece ser un abismo.

Te esperaba, nunca volviste,

quería escucharte, quedo el silencio,

eternamente, quedamos mudos,

quería encontrarte,

quería decirte como me fue,

solo un deseo, quedó plasmado en mi interior.

Se que has partido, no oiré tu risa,

queda el recuerdo, de tu existencia,

solo rondando en mi memoria

Enciendo velas,

le pido a Dios por tu partida,

el tiempo pasa, siento asfixiarme al recordarte,

mis ojos brillan por la humedad,

corren las lagrimas de vez en cuando, quiero evitarlas.

Cierro mis manos, con tanta fuerza,

siento impotencia,

cierro mis ojos, pido paciencia,

pienso que ahora sientes la paz.

Más solo anhelo, al yo partir tú me recibas,

cerca de Dios,

quiero sentirte, sentir amor una vez más.

Descansa en paz, pienso hoy en ti.

SIN AMOR

Gracias a Dios porque ya no estas.

Gracias a Dios porque no volverás.

Gracias a Dios por no ver de ti nada mas.

Gracias a Dios, por lo que nunca fue sinceramente y se
evitó sabiamente.

Gracias a Dios por habernos cruzado sin lastimarnos.

Gracias a Dios por reconocer la luz en tu ausencia, en otra
presencia.

Gracias a Dios por haber aprendido que el verdadero amor
nunca muere.

Y si es que muere, nunca fue amor,

solo fue una ilusión.

SOLO OLVIDARTE

No puedo amarte al verte,

pero puedo hacerlo al sentirte.

No puedo amarte al imaginarte,

pero puedo hacerlo al recordarte.

No puedo amarte al pensarte,

pero puedo hacerlo al extrañarte.

Puedo amarte al tenerte,

más sin tenerte solo me quedara, olvidarte...

TIEMPO

¿Cuantas veces anhele tu presencia?

¿Cuantas veces valore tu esencia?

¿Cuantas veces comprendí tu ausencia?

Muchas veces, muchos momentos,

muchos instantes.

Creí que con tu luz sería feliz,

mas comprendí,

que soy feliz ahora sin ti,

reconociendo que donde tú estás, eres feliz.

MIS MANOS

Entre mis manos el agua no puedo detener,

se escurre y al final se evapora.

Entre mis manos el aire no puedo conservar,

se escapa y al final se funde en el aliento.

Entre mis manos la oscuridad no puedo ocultar,

al abrirlas esta la luz que las hace brillar.

Entre mis manos el amor no puedo ocultar,

al acercarse a ti, a tu energía, se incitan a amar.

EFERVESCENCIA

Pensar en ti,

en ti que alientas mi alma,

cuando puedo hacer de la nada, nada,

se escurre el tiempo simplemente.

Gotean segundos cada momento

llenos de ti, se pierde el tiempo,

y voy perdiendo la mirada en el abismo

quedo mirando sin mirar.

Sonrió al recordar que existe tu presencia

sin saber como fue que tú llegaste

sin saber como puedo presentirte

sin saber como pude encontrarte.

Es el alma, te presiente en la distancia,

aunque en el tiempo simules extraviado,

y mi alma implore libertad para encontrarte,

para hacerla vibrar al contemplarte.

El presentirte cuando en tú mente estoy

presente,

el presentirme aun sin saber que estoy ausente,

con tal certeza puedo, quiero pensar

que nuestras almas se buscarán eternamente.

AMOR ES LIBERTAD

Me impactan nuestras almas
cuando dos almas se aman
se encuentran desde adentro
el cuerpo es tan solo un complemento.

Expresando el amor
tienes la sensación
del éxtasis total
cada momento.

Ni el cuerpo más perfecto
te puede hacer vibrar,
te puede hacer sentir,
cuando sabes que estas
amando a alguien desde adentro.

Vives la afinidad
en el encuentro
y sabes que estas cerca
aunque existan distancias.

Para tocar el cielo,
encontrar el amor,
no necesitas alas
el encuentro se da,
en su momento.

El deseo es pasión
obsesión momentánea.

Amor es libertad, es desapego

nunca lo olvidas
simplemente se siente
y esta siempre presente .

37

NO ESTA EN CUALQUIER ESQUINA

No hay cordura más perdida

como verse traicionado

explotan los sentimientos

la fe tambalea en los suelos

comienza a correr por dentro

la maldita desconfianza,

la bendita fortaleza,

para enfrentar el momento.

Y por dentro vas sintiendo

que te mata

que te asfixia

que te pudre en un momento

anhelas alguien honesto.

Si encontrara alguien sincero

si encontrara alguien tan noble

como lo expresen sus ojos

que es el reflejo de un alma

si eso en mi vida pasara…

Le bendeciría por siempre

le amaría eternamente

daría lo mejor de mi

desearía hacerle feliz

por el resto de sus días.

Porque un hombre con valores

no lo encuentras en la esquina.

CIELO

Camino siempre mirando al cielo
imaginando que me persigue
y disfrutando su inmensidad.

Recuerdo siempre al ir mirando
que el mismo cielo te cubre a ti
y nos protegen todas las nubes.

Cierro los ojos, sí estoy atenta,
y me detengo por un momento
para sentirlo intensamente.

Le pido a un ángel
que nos guíe siempre
a Dios le imploro
que este presente en la conciencia
y en nuestras vidas hasta el final

HIPÓTESIS

Creo que te amo...

Algún día alguien pensó
y lo escribió.

Yo pienso ahora,
quiero expresarte
que si es que lo crees
es una hipótesis.

Nada seguro,
solo ilusiones.

¿Amas o no amas?

Cuando amas a alguien
nunca lo indagas.
Solo se siente
dentro del alma
y lo aseguras al expresarlo

Creo que te amo...
nunca lo digas,
expresa te amo,
o no te amo.

O un te quiero
y a momentitos.

Se mas sincero.

AMORES DE AIRE

Amores de sociedad
amantes de la apariencia
vacíos ambos por dentro
solo repletos de adornos.

Amores de compra venta
que se venden a montones
quien mas compra,
mas le aman
y se dicen ser amados,
quien mas luce pertenencias
se dice ser muy feliz
y estar muy enamorado.

Olvidando que al amor
se lleva mejor por dentro
se demuestra en los momentos
cuando no es fácil vivir

Amantes de falsedad
olvidan que el amor
debe ser sin condición
con completa aceptación
comprensión y entendimiento

Olvidan que el amor
es la nobleza de almas
no frialdad estructurada

Una vez mas yo prefiero
no atarme a tanta mentira
ni ahogarme en la falsedad

y se que cada vez mas
amo mas mi soledad
y vivo mi libertad…

43

INCERTIDUMBRE

Se espesan mis pensamientos

los hilos que los suspenden

huelen a angustia

al ser inertes.

Cruel ansiedad funde pasiones

que desconozco

que me aniquilan

embalsamando mi corazón.

Prefiero olvido

a estar buscando entre el abismo

sin encontrar ningún camino

sin doblegar este dolor

se que hoy prefiero mi libertad.

ALAS.

Alas no necesito para volar,

sola mi alma vuela entre los vientos libre,

solo este ser eterno,

transportándose libre,

hacia sutiles mundos donde reina la paz,

donde el silencio quiebra la soledad creída,

compartiendo entre almas la libertad deseada,

entre la fuerte esencia del aliento divino,

se va elevando siempre a la verdad profunda,

siempre tener presente que,

alas no necesito para volar…

LA LUZ DEL INTERIOR

Salí a buscar a Dios mientras dormía
impaciente quería encontrar su rostro
quería tomar sus manos, ver la luz en sus ojos.

En mi astral daba vueltas
vagaba por los cielos, por todo el firmamento
fluía mi energía por toda la ciudad.

Volví, sin encontrarle
no logre ver su rostro, ni tomarle sus manos
no logre ver la luz, que ansiaba en su mirar.

Agotada, cansada
volví decepcionada.
y decidí quedarme, dormida sin viajar.

En sueños de repente,
una luz se expandía por todo mi interior
una voz suavemente, hablaba a mi conciencia.

"Yo Soy,
soy espíritu eterno
presente en lo existente y en lo inexistente…
Si te alejas de mi
te alejaras de ti
tenlo siempre presente, en tu templo estaré…
Cuando quieras buscarme,
inténtalo en silencio
lejos de lo profano, búscame en tu interior"

Pude reconocer,
a Dios dentro de mi

no tiene forma alguna, su forma es energía.
Es luz incandescente
es fuerza espiritual.
Ilumina conciencias, para guiar la existencia.
Dios siempre habita en ti.

El siempre la Luz…
La Luz del interior.

ENFRENTA

A Dios no hay que entenderlo,

hay que sentirlo,

darle un espacio en nuestra conciencia,

para escuchar el bien cada momento.

La vida no hay que razonarla,

hay que vivirla y disfrutarle.

No importa como este tu disfraz,

sino como seas en esta vida,

y alimentes tu alma de la mejor manera.

No importa cuanto tengas,

sino que logres hacer y aportar a la humanidad

para ayudarla a mejorar.

Actuar, dar soluciones,

en todos lo sentidos de la vida

es mas efectivo que juzgar.

Decide por ti mismo,

no por lo que otros piensen, el alma es la que guía.

La decisión de tu actuación esta en ti mismo

en el enfoque que le des a todo.

en la actitud que tomes para enfrentar la vida.

Los miedos enfréntalos con hechos, y vivencias,

viviendo las experiencias,

aprendiendo lecciones que nos dan día con día,

algún día serán los miedos solo fantasmas

que llegaran a desaparecer

al llegar ese día,

sentirás que el peso que traías cargando se ha perdido,

habrás notado que has aprendido

a confiar y a conocer lo que llamamos Fe.

YO SOY

Yo soy solo el medio,
vehículo a través del cual
el plan se vuelve tangible
y vivo.

Yo soy solo el proceso
que transcurre
en un momento.

Yo soy ave de paso
que al infinito volara
cuando llegue su final

Yo soy un instrumento
que las manos Divinas
guían y moldean.

Yo soy solo un momento

TRANSPARENTE

Shshshshsh...

No digan nada.

Por favor.

Silencio,
color conciencia.

Conciencia,
Iluminada por Dios
su color es transparente.

Energía transformada en realidad.

ALINEÁNDOME.

Podría vivir dopada,

entre gramos y líneas de blanco olvido,

perdiendo la conciencia,

quedando en la inconciencia.

Podría ahogarme en alcohol

y embrutecerme,

hasta ablandar mis huesos,

vivir adormecida.

Para no saber más de la existencia,

ni la vida que llevo a la deriva,

hasta no saber nada de mi misma,

quedarme sin control. En el limbo, perdida.

Podría intentarlo todo por perderme,

más no ganaría nada sin sentido,

quiero que mis neuronas queden firmes,

controlar mis palabras y memorias.

Prefiero estar consiente de mis actos,

mi espíritu controle mi materia,

dominar los demonios y dragones

que surgen impacientes de repente.

AUSENTE

A veces siento que estoy partiendo

que el tiempo se va extinguiendo.

Me gustaría morir durmiendo

entre los sueños sin dolor,

asegurar que no respire.

no fluya sangre por mis arterias

mi corazón se vuelva inerte.

Quisiera ser incinerada

sin quedar dentro de una caja

y mis cenizas sigan el aire

en plenitud en libertad.

Recen a mi alma un Padre Nuestro,

deseen solo que en paz descanse,

no quiero más, con eso basta.

Si acaso encienden alguna vela

de vez en cuando al recordarme,

yo estaré ahí, agradeciendo

pidiendo a Dios por sus deseos.

No quiero lagrimas por mi partida,

quiero sonrisas, pues estaré cerca de Dios

y esperare con alegría nuestro reencuentro.

Que no me extrañen con agonía

murió mi cuerpo, mas mi alma ira

rondando el mundo.

Emprenderé el vuelo,

entre los cielos,

me gustaría establecerme en una estrella

para fundirme junto con ella

y reflejar su luz eterna.

REGRESO

Empaqueto los años de mi vida
los compacto, los siento mas livianos.
van guardados en sobres hechos de aire
y así el día que no este se esparzan libres.
Aun en el olvido de los años
quedaran los recuerdos,
la añoranza de ser protagonista,
siendo ahora espectador de algunas vidas.
Se van haciendo blancos los momentos,
se arrugan las pasiones contenidas
disminuye el clamor por la esperanza,
se ha perdido la fuerza que imponía.
Envejecen los años junto conmigo
se va extinguiendo el tiempo,
se adelgaza el momento
regreso a mi lugar de procedencia.

AUSENTE, PRESENTE.

Me siento ausente,
tal vez indiferente,
pero vivo al pendiente,
de lo que es existente
y de lo inexistente.

Ante estos ojos vivaces,
ante esta mente vigente
que se enreda en dos mundos
senderos diferentes.

Entre el alma y el cuerpo,
entre la esencia y el mundo,
entre suspiros y respiros,
a veces vivo ausente.
y hoy me siento ausente
aun aunque mañana pueda yo estar presente

PAGINA EN BLANCO

Era una pagina en blanco.

No había nada que escribir.

Solo el silencio.

Como esas veces cuando la mente
se queda en blanco
y empiezan lo sueños
a volar al mundo del mas allá
estando todavía acá.

Perdiendo el tiempo,
como se pierden las aves
entre los cielos,
sin ni siquiera saber que existe el tiempo.

Cuando el momento va envejeciendo.
Pude notar que aun en blanco,
se va formando otro relato
de mi existencia para escribir.

Comprendí que aunque
estén blancas todas las hojas

expresan mas que estando llenas.

Esta ya no es,
una página en blanco…

es un relato de ese momento.

"Es de Dios el poder de guiar al ser
humano y su conciencia para
transformar su esencia hacia el Bien,
a cada momento, al reconocerle en su
interior, al unirse a El.

Es del ser humano la libertad de
elegir a quien darle poder, al bien o
al mal, libertad para construir o
destruir dentro de su templo, dentro
de él mismo, de su mundo y de su
entorno con sus pensamientos.

Es de adentro de donde surge el
poder del ser humano para ser mejor,
para irradiar la luz de su interior."
Maricris Meza

ACERCA DEL AUTOR

Yo soy,   María Crisantema Meza Montano, el día 15 de Septiembre de 1970, respiré por primera vez, en el puerto de Acapulco, Guerrero, México, a las 23:00 horas, exactamente en el momento del grito de independencia de México, momento crucial para mi existencia en donde empecé la lucha entre la vida y la muerte, debido a complicaciones al nacer empezaba la lucha por sobrevivir, el comienzo de mi historia, parece mágico ya que el plan de mi alma era continuar… y aquí estoy. Estudie Licenciatura en Administracion Hotelera, y continue haciendo un posgrado, Maestria en Administracion. Mi religión es Catolica, creo en Dios, en los angeles y la existencia de seres de luz en el mundo espiritual, mi concepto de Dios es que es universal, todos somos uno, es energía, como nosotros somos energía, cuando dejamos la materia y Dios es el mismo en todas las religiones, donde el amor es la base y la paz es la finalidad en este plano terrenal, vivir en paz, con respeto hacia todas las religiones.

He escrito por intuición, como cuando llegan las ideas, llegan las frases en mi pensamiento y mezcladas con la experiencia de la vida, con las emociones al final como lo expreso son reflexiones que provienen del alma, si me gustaría, porfavor me enviaran su opinión al correo maricrismeza2020@ gmail.com o instagram @maricrismeza7 aun es el principio, aunque vaya a medio camino. Cada dia es una nueva oportunidad para agradecer, bendecir, respirar y sentir. Gracias a Dios aquí estamos.